Activités récup'

POUR BRICOLEURS EN HERBE

Emma Hardy

Activités récup'

POUR BRICOLEURS EN HERBE

LE TEMPS APPRIVOISÉ

Pour Clem et Luca.

Titre original : *Green crafts for children*

Édition anglaise :
Édition : Robin Gurdon
Maquette : Liz Sephton
Photographies : Debbie Patterson

Édition française :
Direction éditoriale : Valérie Gendreau
Traduction : Irène Lassus
Correction : Nicole Demeulenaere
Photographie de la couverture : © Ron Nickel / Design Pics / Corbis

ISBN : 978-2-299-00099-2
Dépôt légal : février 2010

Le Temps Apprivoisé
7, rue des Canettes
75006 Paris

http://www.letempsapprivoise.fr

SOMMAIRE

INTRODUCTION

Les enfants adorent bricoler. Fournissez-leur un peu de matériel et ils passent des heures à imaginer et à créer toutes sortes d'objets pleins de fantaisie. L'objectif de cet ouvrage est d'encourager la créativité et l'imagination à partir de produits de la nature, récupérés et recyclés.

Dans une société dominée par la télévision et les jeux électroniques, le bricolage est un antidote parfait, il développe la créativité, l'habileté et la patience. Le bricolage « vert » encourage les enfants à observer la nature, à s'intéresser à leur environnement, à prendre conscience des enjeux écologiques, à récupérer et à recycler tout en s'amusant.

Quoi de plus plaisant que de se promener, de ramasser ce qu'on trouve dans la nature et de le détourner de manière créative. Dans la campagne, sur la plage, à la maison, dans le jardin, apprenez aux enfants à observer, à porter un regard neuf et attentif sur toutes leurs richesses. Les projets de l'ouvrage font appel à un grand nombre de techniques allant des activités traditionnelles comme la pâte à sel, le tricotin et le papier mâché à des procédés plus contemporains comme le recyclage et l'utilisation des produits de la nature.

Les explications par étapes sont faciles à suivre, chaque projet est accompagné de la liste du matériel nécessaire. Mais sentez-vous libres, adaptez ce que vous avez à portée de main, improvisez, laissez-vous guider par votre imagination.

Certaines créations sont faciles à réaliser et destinées aux plus petits, d'autres, plus complexes, sont pour les plus grands. Mais, avec un peu d'aide et d'assistance, chacun pourra trouver son bonheur.

En puisant leur inspiration dans l'ouvrage pour créer leurs propres objets, les enfants prendront confiance en eux, dans leur capacité d'innovation et leur habileté. Laissez les enfants s'exprimer, prendre du plaisir, laissez chacun d'entre eux manifester sa personnalité et ses goûts. Même si les résultats ne sont pas parfaits, n'oubliez pas qu'il s'agit avant tout de passer de bons moments, de « faire » ensemble. À chaque étape, encouragez les enfants à poursuivre et à être fiers du résultat final.

MATÉRIEL ET TECHNIQUES

Pour bricoler, il te faut quelques outils et matériaux de base. Tu n'as pas besoin de les acheter : tu les trouveras très souvent dans la nature ou chez toi. Tu pourras trouver les autres dans les papeteries ou les magasins spécialisés.

LA COLLE

Pour les réalisations de cet ouvrage, tu auras besoin de deux types de colles. La colle PVA (à gauche) s'adapte à la majorité des besoins, elle est non toxique et facile à utiliser. Elle coule cependant facilement : protège le plan de travail avec du papier journal. La colle en bâtonnet est parfaite pour le papier, mais peu efficace pour assembler des éléments plus importants.

LA PEINTURE

Tu trouveras de la gouache dans une vaste gamme de couleurs. Elle est non toxique et lavable (indispensable !). Pour commencer, achète du rouge, du jaune et du bleu qui permettent, en les mélangeant, de créer toutes les autres couleurs, ajoute du blanc et du noir pour éclaircir ou foncer. Procure-toi quelques pinceaux bon marché, de différentes tailles. Pour les mélanges, utilise des assiettes en carton ; pour l'eau et la colle, prends des pots de yaourt vides.

LES CISEAUX

Utilise exclusivement des ciseaux de sécurité. Pour les découpes difficiles, l'aide d'un adulte est nécessaire. Les ciseaux crantés permettent de couper le tissu en lui donnant une jolie finition dentelée tout en empêchant les bords de s'effilocher. Il existe aussi un grand nombre de ciseaux à papier fantaisie qui permettent de créer une grande variété de bords décoratifs.

LES AIGUILLES ET LES FILS

Achète un nécessaire à couture de base avec des aiguilles de différentes tailles et des fils de coton de couleur. Préfère le fil à broder et la laine fine qui sont plus faciles à utiliser que le fil à coudre qui fait souvent des nœuds.

COUDRE

Commence par enfiler le fil ou la laine sur l'aiguille. Au départ, fais un nœud à l'extrémité du fil et tire l'aiguille à travers le tissu jusqu'au nœud. Tu peux aussi faire quelques points sur l'envers et ressortir l'aiguille à l'endroit où commence le travail. À la fin, fais un nœud ou quelques points sur l'envers pour arrêter le fil.

LE POINT AVANT

C'est le plus facile et il peut s'utiliser pour tous les assemblages. Passe l'aiguille dans le tissu de droite à gauche en piquant et en ressortant un peu plus loin, sur la ligne de couture.

LE POINT DE SURJET

Il s'utilise pour le sac en feutre et le chien protège-porte. Fais un nœud au bout du fil et pique l'aiguille dans le tissu de l'envers vers l'endroit. Passe à cheval sur les deux épaisseurs de tissu, pique dans les deux épaisseurs et recommence.

LES BOUTONS

Fais quelques points dans le tissu à l'endroit où tu souhaites coudre le bouton. En tenant le fil sur l'endroit du tissu, passe dans l'un des trous du bouton, de l'arrière vers l'avant. Pique dans le trou suivant, puis dans le tissu. Recommence ainsi 5 ou 6 fois. Pour arrêter le fil, fais quelques points sous le bouton ou sur l'envers du tissu et coupe.

RÉCUPÉRATION

LE PAPIER JOURNAL

Il est parfait pour le papier mâché et permet de protéger la surface de travail. Pour faire du papier mâché, déchire-le en morceaux. Recherche le sens de la fibre : il est plus facile à mettre en pièces dans un sens que dans l'autre. Si la déchirure n'est pas nette, tourne le papier d'un quart de tour et essaie encore.

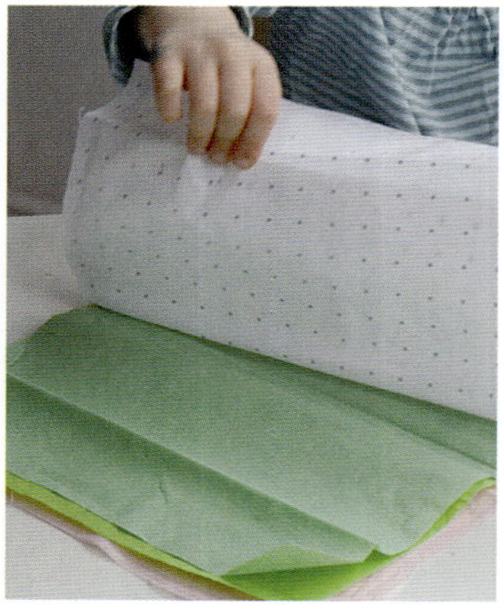

LE PAPIER

Conserve les papiers d'emballage et les papiers cadeau : les motifs et les couleurs sont en général intéressants. Le papier de soie, également, a souvent de belles couleurs. Garde les vieux magazines et les bandes dessinées (ci-dessus, à gauche). Pense à récupérer et à recycler tous les morceaux de papier plutôt que de les jeter.

LES BOÎTES

Tu n'auras jamais assez de boîtes, elles trouveront de multiples usages. Les boîtes à chaussures, les paquets de céréales, de pâtes et autres aliments secs, les emballages de toutes sortes, te seront utiles. Varie les tailles et les couleurs.

LES TISSUS, LES RUBANS ET LES BOUTONS

Collectionne les chutes de tissu et les rubans, tu en auras besoin pour plusieurs projets de l'ouvrage. Récupère les vieux vêtements, les gants, les collants et les chaussettes, découpe-les et transforme-les. Conserve aussi les vieux tee-shirts et les pulls. Remplis un pot de confiture de vieux boutons, ils te serviront à faire les yeux des jouets.

LES ÉLÉMENTS NATURELS

Les pommes de pin, les cosses, les branches, les brindilles, les feuilles, les galets, le bois flotté, tout ce que tu trouveras au cours de tes promenades dans la campagne ou sur la plage peut te servir. Sois attentif à l'harmonie des formes et des couleurs et fais-toi conseiller par un adulte : certaines baies et certains champignons, par exemple, sont dangereux.

LES ALIMENTS

Les potirons, coloquintes et calebasses ainsi qu'un grand nombre de fruits et de légumes permettent d'imaginer des créatures amusantes. Avec de la farine et du sel, tu pourras fabriquer de la pâte à modeler bon marché. Pense aussi aux coquilles de noix. Avec les pommes de terre, les pommes, les poires et les carottes, tu pourras concevoir des tampons et des motifs d'impression. Les pois cassés et les lentilles servent à faire des remplissages.

PÂTE À SEL

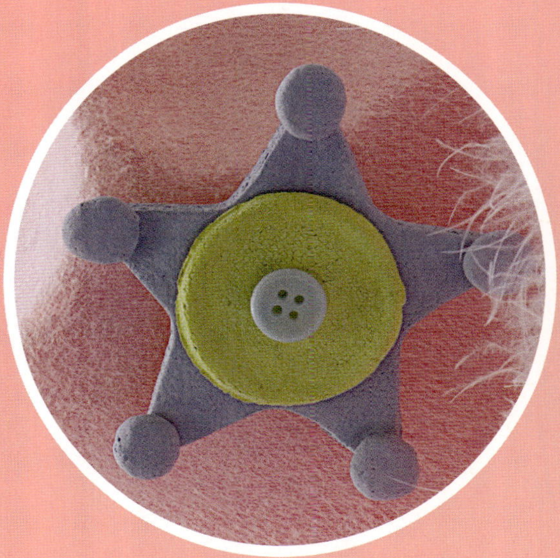

1 LETTRES

Ces lettres multicolores se fabriquent très facilement avec des emporte-pièces. Elles sont faites en pâte à sel qui durcit à la cuisson et que tu peux ensuite peindre. Colle un petit aimant au dos de chaque lettre pour faire des magnets à poser sur le réfrigérateur, ou compose ton nom et accroche-le à la porte de ta chambre.

Fournitures

- 300 g de farine
- 300 g de sel
- 20 cl d'eau tiède
- 1 cuill. à soupe d'huile
- Gouache et pinceaux
- Saladier et cuillère en bois
- Doseur
- Rouleau à pâtisserie et emporte-pièces alphabet
- Plaque à pâtisserie antiadhésive

1 Dans le saladier, verse 300 g de sel et l'eau et mélange bien jusqu'à faire dissoudre le sel : tu obtiens ainsi une pâte bien lisse.

2 Ajoute les 300 g de farine et l'huile. Remue jusqu'à ce que le mélange soit homogène, puis pétris la pâte avec tes mains jusqu'à ce qu'elle soit ferme et lisse. Fais une boule en récupérant toute la pâte qui se trouve au fond du saladier.

3 Saupoudre la table de farine et pose dessus la boule de pâte. Étale-la avec le rouleau à pâtisserie jusqu'à obtenir une plaque d'environ 1 cm d'épaisseur.

4 Découpe des lettres avec les emporte-pièces et dépose-les sur la plaque à pâtisserie. Chauffe le four à 100 °C et enfourne les lettres pendant 1 heure. Lorsque les lettres sont dures, éteins le four et laisse-les refroidir à l'intérieur pour éviter qu'elles ne craquellent.

5 Avec la gouache et un pinceau, peins les lettres dans des couleurs vives, selon ton goût. Une fois la peinture sèche, ajoute des motifs décoratifs dans des couleurs contrastées.

2 SERVICE À THÉ

Ce ravissant petit service à thé est parfait pour le goûter de tes poupées. Les formes pleines, comme la théière, nécessitent une cuisson au four à très basse température pour éviter que la pâte ne se fende.

Fournitures

- Ingrédients pour la pâte à sel (voir page 17)
- Emporte-pièce
- Rouleau à pâtisserie
- Plaque à pâtisserie
- Gouache et pinceaux

1 Prépare la pâte à sel en suivant les instructions de la page 17.

2 Pose un peu de pâte sur une surface farinée. Avec le rouleau à pâtisserie, étale-la sur une épaisseur d'environ 5 mm.

3 Avec l'emporte-pièce, découpe quatre ronds pour les assiettes et les soucoupes.

4 Pour la théière, fais une boule de pâte. Forme deux petites boules et aplatis-les pour le couvercle et la base. Roule un petit colombin pour l'anse et un autre pour le bec. Assemble toutes les pièces pour former la théière. Si la pâte est trop sèche, badigeonne-la d'un peu d'eau. Pose la théière sur la plaque à pâtisserie.

5 Avec un peu de pâte, modèle une tasse. Avec le pouce, crée un petit creux au centre pour lui donner sa forme. Roule un petit colombin pour l'anse. Fais ainsi deux tasses. De la même manière, réalise le petit pot à lait. Pince la pâte entre les doigts pour le bec. Pose le tout sur la plaque.

6 Comme les tasses, réalise un petit sucrier. Aplatis une petite boule pour le couvercle et ajoute une petite boule au sommet pour la poignée.

7 Fais cuire le tout au four à très basse température entre 1 heure et 1 heure 30 ou même plus longtemps si les pièces sont encore un peu souples. Lorsque tout est froid, peins les pièces en blanc et laisse sécher.

8 Avec de la gouache et un pinceau fin, décore le bord des assiettes et des soucoupes en bleu. Ajoute des pois tout autour. Dessine ensuite des fleurs de toutes les couleurs entre les lignes bleues. Laisse bien sécher avant de les utiliser.

3 PERLES

Ce projet convient aux plus petits : les perles sont très faciles à modeler. Fabrique des perles de différentes tailles et formes, peins-les de couleurs vives, laisse-les unies ou décore-les de motifs. Enfile-les pour faire un collier à porter ou à offrir.

Fournitures

- Ingrédients pour la pâte à sel (voir page 17)
- Plaque à pâtisserie
- Bâtonnet à brochette
- Gouache et pinceaux
- Laine
- Aiguille

1 Prépare la pâte à sel en suivant les instructions de la page 17.

2 Pose la pâte sur le plan de travail, saupoudre-la de farine et pétris-la jusqu'à obtenir une masse lisse.

3 Forme les perles. Varie les tailles. Pique un bâtonnet à brochette au centre pour percer les trous. Insiste pour qu'ils soient un peu plus gros que nécessaire : la pâte rétrécit à la cuisson. Forme ensuite des perles carrées avec un trou au milieu.
Écrase quelques perles rondes pour les aplatir. Pose-les sur la plaque à pâtisserie et enfourne-les à très basse température pendant 1 heure 30.

4 Lorsque les perles sont froides, peins-les de couleurs vives et laisse sécher.

5 Décore les perles avec des pois, des fleurs et des motifs de ton choix dans des couleurs contrastées. Laisse sécher.

6 Coupe un fil de laine suffisamment long pour le passer autour de ta tête sans oublier la longueur nécessaire pour le nœud. Enfile la laine sur l'aiguille, puis enfile les perles sur le fil en variant les formes et les couleurs. Enlève l'aiguille et ferme le collier par un double nœud.

4 PÂTE À MODELER

Pour fabriquer de la pâte à modeler, il suffit de quelques ingrédients simples que tu trouveras dans la cuisine. Ajoute des colorants alimentaires : plus les couleurs seront vives, plus le résultat sera joli. Tu pourras aussi demander des pâtes à ta maman, coquillettes, papillons, spirales pour imprimer des motifs. Conserve la pâte à modeler dans un récipient hermétique.

Fournitures

- 1 tasse de farine
- 1/2 tasse de sel
- 2 cuill. à soupe de crème de tartre (en pharmacie) ou de levure chimique
- 1 cuill. à soupe d'huile
- 1 tasse d'eau
- Colorants alimentaires
- Casserole et cuillère pour mélanger

1 Dans la casserole, mélange la farine et le sel.

2 Ajoute la crème de tartre et l'huile.

3 Verse quelques gouttes de colorant alimentaire dans une tasse remplie d'eau et ajoute le tout à la pâte.

4 Mélange bien tous les ingrédients. Avec l'aide d'un adulte, fais chauffer la pâte à feu très doux sur la cuisinière jusqu'à ce qu'elle gonfle.

5 Laisse la pâte refroidir dans la casserole. Retire-la en raclant soigneusement le fond de la casserole. Malaxe-la pour former une boule.

6 Tu peux maintenant créer des formes avec la pâte. Avec les différentes sortes de pâtes (alimentaires), tu peux imprimer des motifs dans la pâte à modeler.

5 FRUITS

Inspire-toi des fruits que tu connais ou promène-toi au marché et observe les formes et les couleurs des fruits en vente sur les étals. Modèle ensuite des fruits en pâte à sel, fais-les cuire, peins-les de couleurs vives et présente-les sur un joli plat. Essaie de les rendre aussi ressemblants que possible et vois si tes amis se font prendre au piège ! Mais attention, évite de les manger, ils sont très salés !

Fournitures

- Ingrédients pour la pâte à sel (voir page 17)
- Plaque à pâtisserie
- Peinture et pinceaux
- Cure-pipe vert et brun
- Feutrine verte
- Colle PVA

1 Prépare la pâte à sel en suivant les instructions de la page 17.

2 Avec une petite boule de pâte, modèle une fraise. Fabrique des cerises en faisant un petit trou au sommet où tu piqueras le cure-pipe lorsque la pâte sera sèche. Avec un gros morceau, réalise une tranche de pastèque, puis, avec des morceaux plus petits, des quartiers d'orange. Roule entre tes mains des grains de raisin bien ronds. Pose tous les fruits sur la plaque à pâtisserie et fais-les cuire environ 1 heure 30.

3 Lorsque les fruits sont froids, tu peux les peindre. Peins les fraises en rouge, les quartiers d'oranges en orange, les baies de raisin en vert clair, les cerises en rouge foncé, la pastèque en rouge et vert.

4 Lorsque la peinture est sèche, ajoute les détails : commence par des petits points jaunes sur les fraises. Laisse sécher.

5 Avec de la peinture noire, peins les graines de la pastèque.

6 Mélange un peu de blanc à l'orange pour obtenir un orange plus clair et ajoute les détails sur les quartiers d'orange.

7 À l'aide des schémas (voir page 124), fais des gabarits et découpe les feuilles dans la feutrine verte. Plie en deux un morceau de cure-pipe vert et colle les extrémités dans les trous prévus dans les cerises. Colle une feuille au sommet des tiges.

8 Colle une feuille sur la fraise. Lorsque tout est bien sec, enduis les fruits d'une couche de colle PVA pour les protéger et les faire briller.

6 BROCHES

Les emporte-pièces pour gâteaux secs sont parfaits pour créer des formes amusantes. Avec une étoile, fabrique un badge de shérif, ajoute des petites boules aux extrémités des pointes pour qu'il soit encore plus réaliste. Superpose des fleurs et des ronds pour créer des broches. Peins-les et décore-les. Pour finir, colle une épingle au dos pour fixer la broche sur tes vêtements.

Fournitures

- Ingrédients pour la pâte à sel (voir page 17)
- Saladier et cuillère
- Plaque à pâtisserie
- Rouleau à pâtisserie
- Emporte-pièces
- Colle PVA
- Peinture et pinceaux
- Boutons
- Chutes de tissu
- Épingle de sûreté

1 Prépare la pâte à sel en suivant les instructions de la page 17.

2 Saupoudre la table d'un peu de farine et étale la pâte sur environ 5 mm d'épaisseur avec le rouleau à pâtisserie. Saupoudre la pâte de farine pour éviter qu'elle ne devienne trop collante.

3 Avec les emporte-pièces, commence par découper une étoile. Ajoute des petites boules aplaties aux extrémités des pointes. Découpe ensuite des ronds à bords lisses, des ronds à bords dentelés et des fleurs pour les broches.

4 Pose le tout sur la plaque à pâtisserie. Fais cuire les pièces à four très doux pendant environ 1 heure, jusqu'à ce qu'elles soient dures.

5 Laisse complètement refroidir, peins les pièces de couleurs vives et laisse sécher.

6 Avec la colle PVA, assemble les différentes parties des broches et colle un rond au milieu de l'étoile.

7 Colle un bouton au centre des broches et de l'étoile. Laisse sécher.

8 Découpe un petit morceau de tissu et enfile-le sur l'épingle. Colle le tissu au dos de l'étoile et des broches et laisse bien sécher. Si tu veux faire briller les broches, enduis-les d'une fine couche de colle PVA.

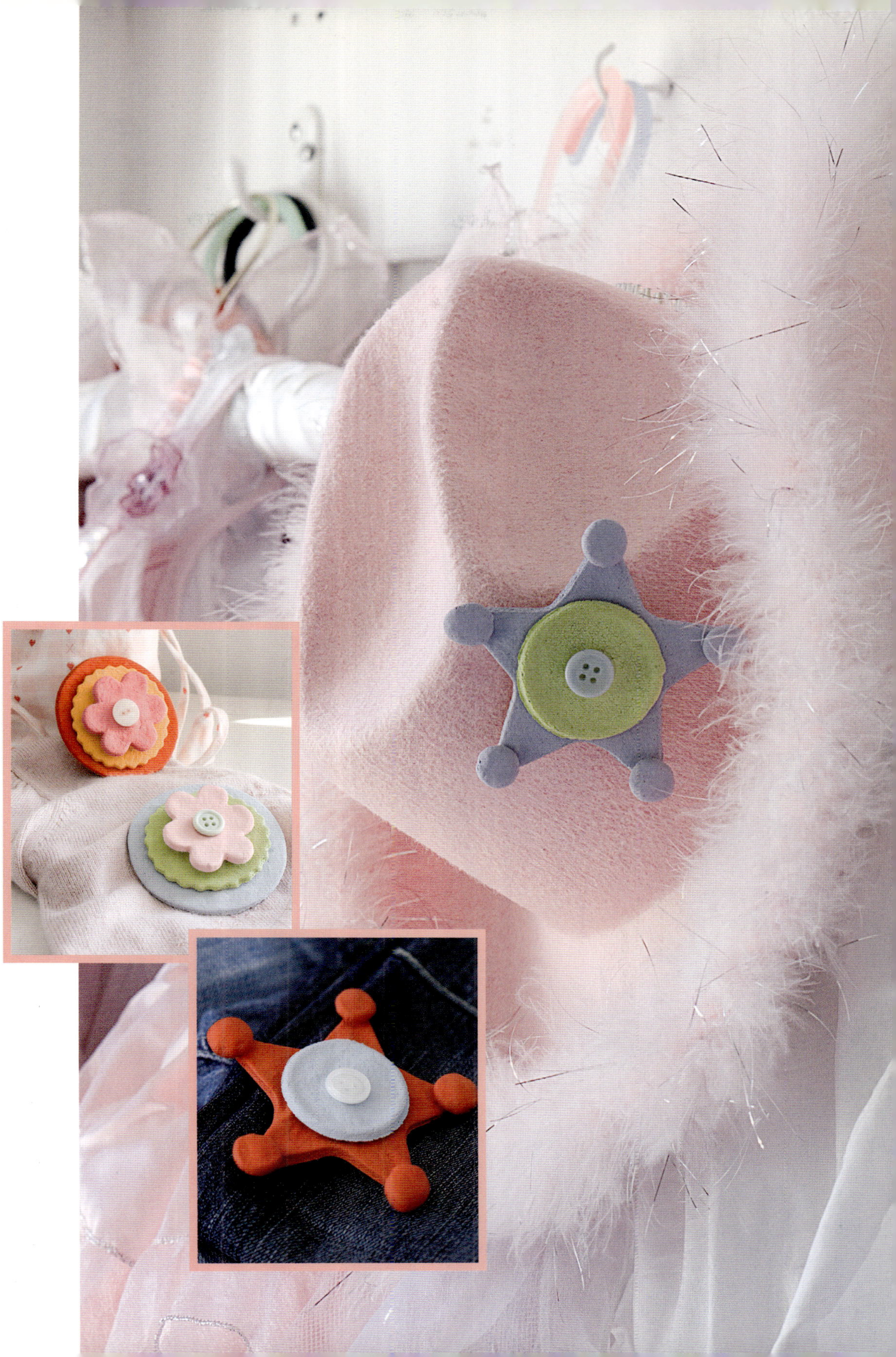

PAPIER ET PAPIER MÂCHÉ

7 ENCRES NATURELLES

Lors de tes promenades automnales, amuse-toi à cueillir des fruits le long des haies et à les transformer en encres naturelles. Ajoute du vinaigre au jus pour fixer la couleur ainsi qu'un peu de sel pour l'empêcher de se dissocier trop rapidement. Si tu ne possèdes pas tout le matériel nécessaire, tire parti de ce que tu as à portée de main (écrase les fruits avec des cailloux, par exemple), récolte le jus dans une bassine, puis utilise-le selon tes besoins. Sers-toi de plumes d'oiseaux pour écrire ou dessiner.

Fournitures

- Framboises
- Mûres
- Vinaigre
- Tamis
- Cuillère
- Eau
- Sel
- Bocaux
- Plume

1 Mesure une demi-tasse de fruits et verse-la dans un tamis. Écrase les fruits avec le dos de la cuillère et récupère le jus dans un récipient.

2 Ajoute une demi-cuillerée à soupe de sel, il jouera le rôle de conservateur.

3 Ajoute une demi-cuillerée à soupe de vinaigre afin de fixer la couleur. Mélange bien et verse dans un bocal.

4 Trempe une plume dans l'encre pour écrire et dessiner. Recharge fréquemment la plume d'encre, toutes les deux ou trois lettres environ.

5 Pour fabriquer de l'encre invisible, presse un jus de citron et écris avec une plume ou un pinceau. Pour faire apparaître le texte, mélange du bicarbonate de soude et de l'eau à parts égales ou prends du jus de raisin. Passe la mixture sur le papier avec un pinceau. Mais ne révèle ton secret à personne !

8 COUPE EN PAPIER MÂCHÉ

Le papier mâché est un matériau sympathique et agréable à manipuler. Déchire des morceaux de papier, trempe-les dans la colle, superpose plusieurs couches sur un moule, laisse sécher, puis peins et décore pour obtenir un nouvel objet.

N'oublie pas de protéger la table avec du papier journal.

Fournitures

- Coupe en plastique
- Vaseline
- Film étirable
- Colle PVA, bol et eau
- Papier journal
- Peinture et pinceau
- Chutes de papier
- Ciseaux

1 Enduis une coupe en plastique de vaseline, puis tapisse-la de film étirable.

2 Déchire des feuilles de papier journal en bandes. Plus les bandes seront petites, plus les morceaux seront faciles à poser.

3 Verse un peu de colle dans un bol et ajoute de l'eau pour la diluer. Trempe les morceaux de papier journal dans la colle et dépose-les sur la coupe. Continue ainsi en les superposant, sur trois couches.

4 Laisse sécher. Démoule la coupe en retirant le film étirable. Égalise les bords avec des ciseaux.

5 Peins la coupe. Deux couches seront probablement nécessaires.
Laisse bien sécher entre chaque couche.

6 Découpe des fleurs et des feuilles dans des papiers cadeau. Fixe-les à l'intérieur et à l'extérieur de la coupe avec de la colle diluée. Pour faire briller l'ensemble, enduis la coupe d'une couche de colle non diluée et laisse sécher.

9 MASQUES

Voici un projet réalisable même par les plus petits. Le papier mâché est une technique très facile, à base de papier journal trempé dans de la colle. La pâte à colle, à base de farine et d'eau, est amusante à utiliser et sans danger.

Fournitures

- Saladier et cuillère
- Farine
- Eau
- Papier journal
- Ballon
- Ciseaux
- Peinture blanche et pinceau
- Feutrine
- Colle PVA
- Stylos-feutres

1 Mélange de la farine et de l'eau pour faire la colle. La préparation doit avoir la consistance d'une crème épaisse.

2 Déchire le papier journal en morceaux sans te préoccuper de leur taille.

3 Gonfle le ballon et ferme-le par un nœud. Trempe les morceaux de papier journal dans la colle et dépose-les sur le ballon. Lisse bien et recouvre environ la moitié du ballon. Superpose ainsi trois couches et laisse sécher 12 heures jusqu'à ce que le papier soit dur.

4 Dégonfle le ballon et égalise les bords du papier mâché avec des ciseaux.

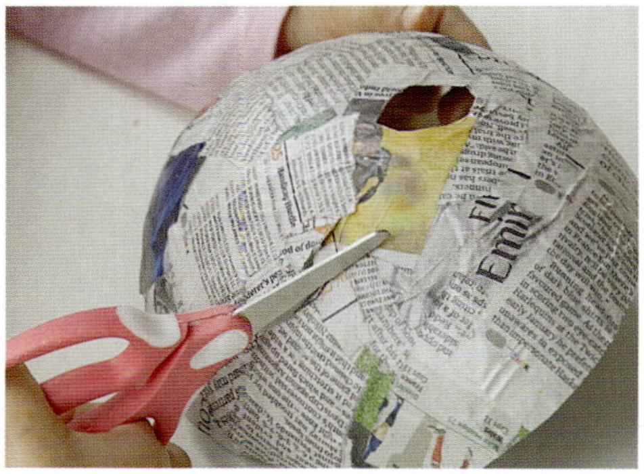

5 Dessine deux yeux sur le masque et évide-les. Demande l'aide d'un adulte, si nécessaire.

6 Peins la face extérieure du masque puis laisse-la sécher.

7 À l'aide des schémas de la page 124, fais des gabarits et découpe les différents éléments du masque dans la feutrine. Colle-les aux bons endroits et laisse sécher.

GREAT
COMPANY
MILK

10 MAISON DE POUPÉE

Fabrique une maison de poupée avec des vieilles boîtes en carton et des papiers d'emballage. Réunis tout ce que tu trouves, boîtes à chaussures et à bonbons, décore-les avec de la peinture et des découpages. Pour la rendre encore plus confortable, réalise des coussins et des tapis dans des chutes de tissu.

Fournitures

- Boîte à chaussures
- Cartons (paquet de céréales)
- Papiers d'emballage
- Colle PVA
- Petites boîtes (à bonbons, etc.)
- Feuille d'aluminium
- 3 petites boîtes d'allumettes
- Attaches parisiennes
- Stylos-feutres
- Ciseaux fantaisie
- Peinture et pinceau
- Chutes de tissu
- Serviettes en papier
- Caissettes en papier pour gâteaux

1 Utilise une grosse boîte à chaussures pour les murs de la maison. Dans le paquet de céréales, découpe un rectangle pour le toit de manière qu'il mesure 2 cm de plus que la boîte en largeur et le double de sa profondeur. Tapisse-le complètement d'un joli papier avec de la colle et plie-le en deux.

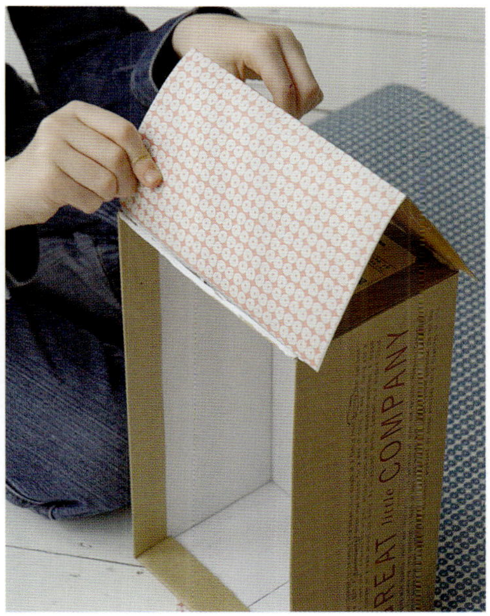

2 Enduis le bord supérieur de la maison de colle (à l'avant et à l'arrière) et colle le toit. Maintiens-le en place jusqu'à ce que la colle soit sèche.

3 Mesure le sol du rez-de-chaussée et de l'étage et ajoute 3 cm tout autour. Découpe un morceau de carton de cette taille et rabats 1,5 cm tout autour. Coupe les angles (comme sur la photo). Colle dessus un joli papier et coupe le bord avant avec les ciseaux fantaisie.

4 Encolle les côtés et le bord arrière et fixe le carton à mi-hauteur de la boîte pour faire l'étage.

5 Mesure les murs des pièces et découpe des morceaux de papier pour faire le papier peint. Colle-les.

6 Fabrique le canapé en assemblant deux petites boîtes. Ajoute deux morceaux de carton arrondis sur les côtés pour les accoudoirs.

7 Lorsque la colle est sèche, décore le canapé avec les stylos feutres.

8 Pour le lit, utilise une petite boîte plate. Découpe la tête et le pied de lit dans du carton et colle-les. Peins le lit. Pour le couvre-lit, décore un morceau de papier de la taille du lit avec des carrés découpés dans des serviettes en papier.

9 Coupe une petite boîte en deux, puis évide les quatre côtés pour faire la table. Peins-la et laisse sécher.

10 Dans la feuille d'aluminium, roule des petits boudins et colle-les sur des morceaux de papier pour faire des cadres. Décore-les avec des dessins et colle les tableaux sur les murs. Roule un autre boudin que tu aplatis à une extrémité pour le pied de lampe. Colle une caissette en papier pour l'abat-jour.

11 Assemble trois petites boîtes d'allumettes avec de la colle et tapisse-les d'un joli papier. Fais une petite entaille dans chaque boîte et fixe les attaches parisiennes.

12 Place tous les meubles dans la maison. Avec les chutes de tissu, tu peux fabriquer des petits coussins rembourrés de coton hydrophile.

11 FLEURS EN PAPIER DE SOIE

Pour ne jamais manquer de fleurs, décore la maison avec ces grosses roses en papiers multicolores. Elles sont très faciles à fabriquer et tu peux les offrir à ta maman pour la fête des Mères ou à ta grand-mère pour Noël. Garde tous les papiers de soie des paquets cadeaux ou achète des feuilles de toutes les couleurs dans une papeterie.

Fournitures

- Papiers de soie multicolores
- Branches
- Cure-pipes
- Ciseaux
- Règle

1 Découpe des rectangles de papier de soie de 24 x 30 cm. Pose-les les uns sur les autres.

2 Replie un côté de la pile sur environ 3 cm et marque le pli.

3 Continue ainsi à plier régulièrement l'ensemble comme pour un éventail.

4 Avec des ciseaux, découpe chaque extrémité en arrondi ou fais des franges.

5 Enroule un cure-pipe par le milieu et fais une torsade pour rassembler les couches de papier.

6 Déplie délicatement les différentes couches de papier pour former les pétales.

7 Enroule le cure-pipe sur l'extrémité d'une branche. Tu peux découper une feuille dans du papier de soie vert et l'ajouter, si tu le souhaites.
Fabrique plusieurs fleurs et rassemble-les en bouquet.

12 SANDALES EN CARTON

Récupère des chutes de carton pour fabriquer des sandales. Pour les lanières et les décors, choisis des cartons de couleurs vives (paquets de céréales, crèmes glacées, etc.). Pour les semelles en carton ondulé, utilise du carton d'emballage. Ne te sers pas de carton verni car il est glissant.

Fournitures

- Boîtes en carton multicolores
- Carton ondulé
- Ciseaux
- Crayon
- Colle PVA

1 Pose ton pied sur un morceau de carton ondulé et dessines-en le contour. Demande de l'aide, si nécessaire. Procède de la même façon pour l'autre pied.

2 Découpe les deux formes. Utilise-les comme gabarits pour découper deux autres formes dans le carton ondulé. Découpe deux lanières dans du carton multicolore. Pose-les sur le dessus de ton pied pour vérifier la longueur et ajoute 5 cm.

3 Replie chaque côté des lanières sur 2,5 cm et colle-les sur une des semelles. Colle la seconde semelle sur la première et laisse sécher.

4 Découpe des cercles, des fleurs, des cœurs dans du carton de couleur pour les décors. Laisse libre cours à ton imagination. Assemble les différentes formes à la colle.

5 Pour finir, colle les décors sur les lanières.

RECYCLAGE

13 ANIMAUX EN LIÈGE

Demande à tes parents et à leurs amis de conserver les bouchons en liège des bouteilles et fabrique ces drôles d'animaux. Demande à un adulte de couper les bouchons (avec un couteau à pain, c'est plus facile) puis assemble-les à la colle. Avec les chutes, tu pourras faire les oreilles, les yeux et les cornes.

Fournitures

- Bouchons en liège
- Colle PVA
- Couteau à pain
- Ciseaux
- Laine jaune et marron
- Petites perles pour les yeux

1 Pour la girafe, réunis sept bouchons et coupe-les comme sur la photo. Assemble-les à la colle et laisse bien sécher.

2 Coupe des petits morceaux de laine marron et colle-les pour faire la crinière. Pour la queue, coupe un morceau plus long, plie-le en deux, noue l'extrémité et colle-le. Colle des petits bouts de bouchon sur la tête pour les cornes et les oreilles. Finis par deux petites perles pour les yeux.

3 Pour le lion, réunis cinq bouchons et coupe-les comme sur la photo. Assemble les pièces formant le corps avec de la colle. Réserve la tête.

4 Pour la crinière, enroule de la laine jaune plusieurs fois autour de tes doigts.

5 Retire la laine et assemble-la par le milieu avec un morceau de laine.

6 Colle la crinière au dos de la tête du lion puis colle celle-ci sur le corps. Coupe des petits morceaux de liège pour les oreilles et une pièce triangulaire pour le museau. Colle-les.
Fabrique la queue en laine jaune comme pour la girafe et fixe-la. Ajoute des perles pour les yeux.

7 Pour le crocodile, coupe les bouchons comme sur la photo. Assemble-les à la colle et laisse sécher.

8 Pour les pattes, coupe quatre demi-cercles et colle-les.
Pour les yeux, colle deux perles sur des petits morceaux de liège, puis colle-les sur la tête du crocodile.

Opposites

14 DRAPEAU ET GUIRLANDE EN PLASTIQUE

Un grand nombre de sacs en plastique ne sont pas recyclables et polluent les décharges. Tu peux les transformer pour créer des décors. Utilise des sacs de toutes les couleurs pour réaliser une guirlande qui résistera à toutes les intempéries. Découpe des bandes pour tresser un drapeau qui volera au vent. Tu peux remplacer les sacs en plastique par des sacs en papier ou des pages de magazines, mais ils seront moins résistants.

Fournitures

- Sacs en plastique
- Agrafeuse
- Ciseaux
- Ciseaux à cranter
- Stylo-feutre
- Colle en tube
- Branche
- Ruban
- Papier

1 Pour le drapeau, il te faut des bandes de plastique d'environ 2,5 cm de large. Pour les bandes horizontales, découpe neuf fois 45 cm dans une même couleur. Pour les bandes verticales, découpe douze fois 30 cm dans deux couleurs différentes. Tu peux utiliser une règle, mais tu n'as pas besoin d'être très précis !

2 Prends une des bandes courtes et colle en alternance (une fois dessus, une fois dessous) les neuf bandes de 45 cm sur toute la longueur.

3 Tisse une des bandes de 30 cm de couleur différente entre les bandes de 45 cm en la collant à chaque extrémité.

4 Continue ainsi à tisser toutes les bandes de 30 cm entre les bandes de 45 cm en alternant les couleurs. Colle toutes les extrémités.

5 Découpe une étoile dans un sac en plastique de couleur différente et colle-la au milieu du drapeau.

6 Pour faire les attaches, découpe deux bandes de plastique, plie-les en deux et agrafe-les sur un côté du drapeau, l'une en haut, l'autre en bas. Noue-les sur la branche et, pour finir, pique la branche en terre.

Pour la guirlande

1 Découpe un triangle en papier qui te servira de gabarit. Avec un feutre, trace les contours du triangle sur des sacs en plastique.

2 Découpe les triangles avec des ciseaux à cranter. Si tu n'en possèdes pas, de simples ciseaux feront également l'affaire.

3 Agrafe les triangles sur un ruban de la longueur de ton choix. Accroche la guirlande par les extrémités du ruban.

15 ANIMAUX EN TISSU

Fabrique ces petits animaux en tissu tout simples et amuse-toi à les utiliser comme balles à jongler. Avec quelques chutes de coton et de feutrine, tu pourras faire un lapin, une souris, une poule et un chien. Remplis-les de pois cassés ou de lentilles, ils seront souples et légers. Il ne te reste plus qu'à t'entraîner !

Fournitures

- Chutes de tissu
- Chutes de feutrine
- Lentilles ou pois cassés
- Cuillère
- Aiguille et fil
- Ciseaux
- Épingles

1 Découpe un carré de 14 x 14 cm dans une feuille de papier : il te servira de gabarit pour découper les deux carrés de tissu nécessaires pour chaque animal. Choisis des tissus différents mais harmonieux.

2 Avec les schémas de la page 124, découpe les patrons pour les détails correspondant à chaque animal. Épingle les patrons sur la feutrine et découpe tout autour avec des ciseaux.

3 Superpose les carrés de tissu, endroit contre endroit, en plaçant les éléments en feutrine à l'intérieur. Veille à bien positionner les deux carrés bord à bord avec le tissu. Assemble les carrés de tissu sur trois côtés par une couture. Fais des points suffisamment petits pour que les légumes secs ne s'échappent pas.

4 Retourne la petite poche ainsi créée à l'endroit et vérifie que les éléments en feutrine sont solidement cousus.

5 Remplis les poches aux 3/4 de lentilles ou de pois cassés.

6 Assemble les deux bords restants par une couture en rabattant un peu de tissu vers l'intérieur. N'oublie pas d'enfiler les queues entre les deux épaisseurs de tissu et de les prendre dans la couture.

16 TAMPONS EN POMMES ET POMMES DE TERRE

L'impression à la pomme de terre est une technique traditionnelle qui permet de décorer les tissus, les tee-shirts, les sacs, les cartes de vœux et les papiers cadeau. Sers-toi d'emporte-pièces pour te faciliter la tâche, les découpes seront vite réalisées. Pour une méthode encore plus simple, coupe une pomme en deux et utilise-la telle quelle. Pour les vêtements, préfère les peintures pour tissu, ainsi ils seront lavables.

Fournitures

- Pommes de terre
- Pommes
- Tee-shirts
- Emporte-pièces
- Couteau
- Peinture à tissu
- Assiettes en carton
- Rouleau à pâtisserie
- Boutons
- Rubans
- Papier absorbant

1 Demande à un adulte de couper une pomme de terre en deux. Enfonce un emporte-pièce dans la surface coupée. Découpe la pomme de terre autour de l'emporte-pièce puis enlève-le en laissant le motif en relief. Sèche la surface de la pomme de terre avec du papier absorbant.

2 Verse un peu de peinture dans une assiette en carton et trempe le tampon. Enlève l'excédent de peinture en appuyant légèrement le tampon sur une chute de papier.

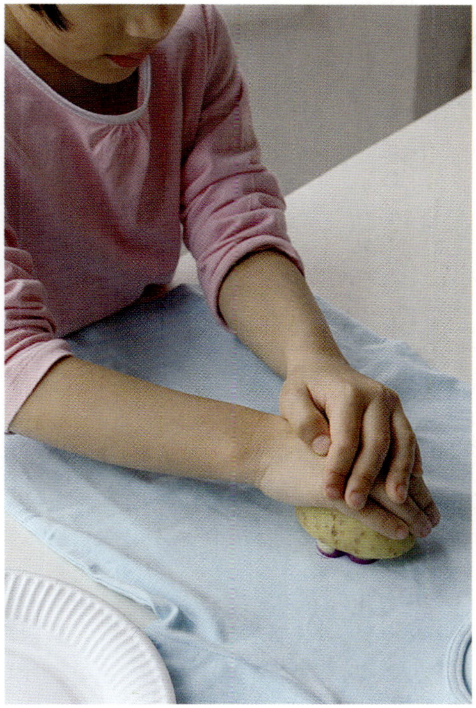

3 Appuie le tampon sur le tee-shirt à l'emplacement de ton choix. Pour obtenir un motif régulier, appuie fermement. Soulève délicatement le tampon pour que la peinture ne bave pas. Nettoie bien la pomme de terre.

4 Recommence avec toutes les couleurs que tu as choisies.

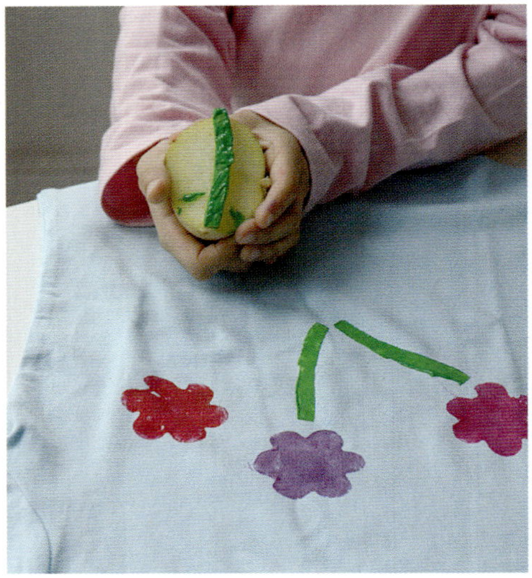

5 Demande à un adulte de sculpter une tige sur l'autre moitié de la pomme de terre. Trempe le tampon dans la peinture verte et imprime les tiges du bouquet. Laisse sécher.

6 Suis les instructions du fabricant et demande à un adulte de repasser le tee-shirt (si nécessaire) pour fixer la couleur. Couds des boutons au centre des fleurs pour faire les cœurs et un petit nœud en ruban à la base du bouquet.

7 Demande l'aide d'un adulte pour couper la pomme en deux. Enlève la tige et sèche la surface avec du papier absorbant.
Verse de la peinture à tissu dans une assiette en carton et trempe la pomme dans la peinture. Appuie sur une chute de papier pour enlever l'excédent de peinture.

8 Appuie fermement le tampon sur le tee-shirt. Soulève délicatement la pomme et essuie la peinture avec du papier absorbant.

9 Trempe le tampon dans une couleur différente et imprime une pomme de part et d'autre de la précédente.

10 Dans une pomme de terre, découpe un motif de tige et de feuille. Imprime une tige marron au sommet des trois pommes (tu peux créer du marron en mélangeant un peu de rouge et de vert). Ajoute une feuille sur la pomme centrale. Laisse sécher, puis suis les instructions du fabricant pour fixer la couleur.

17 MOBILE

Fabrique un joli mobile pour décorer ta chambre. Découpe des ronds en papier dans des vieux magazines ou du papier cadeau, assemble-les avec de la colle et glisse un fil de laine au milieu.
Accroche les guirlandes sur une branche, puis au-dessus de ton lit.
Ton mobile te tiendra silencieusement compagnie pendant ton sommeil.

Fournitures

- Vieux magazines
- Chutes de carton
- Objets ronds pour faire les gabarits (deux tailles différentes)
- Crayon
- Ciseaux
- Laine
- Branche
- Colle

1 En utilisant des objets ronds, trace deux cercles de tailles différentes sur un carton et découpe-les pour faire les gabarits. Ici, nous avons utilisé un grand et un petit verre.

2 À l'aide des gabarits, dessine des cercles sur des pages de magazines en sélectionnant des couleurs vives ou des illustrations amusantes. Découpe-les.

3 Plie deux cercles de même taille en deux et assemble deux demi-cercles avec de la colle.

4 Déplie l'un des deux demi-cercles non collé. Plie un troisième cercle en deux et colle une moitié sur le demi-cercle déplié. Continue ainsi jusqu'à obtenir un nombre suffisant de grands et de petits éléments.

5 Pose un fil de laine entre les deux demi-cercles ouverts. Encolle l'un des demi-cercles et pose-le sur le précédent en emprisonnant le fil de laine. Colle ainsi environ six éléments sur chaque fil de laine. Réalise quatre guirlandes de six éléments en tout.

6 Noue une guirlande à chaque extrémité de la branche et les deux autres entre les deux premières, en les répartissant harmonieusement. Fais un double nœud pour les maintenir en place.

7 Noue deux fils sur la branche pour pouvoir accrocher le mobile (comme sur la photo).

18 PERLES EN FEUTRINE

Ces perles sont réalisées à partir de rectangles de feutrine enroulés en forme de boudin, collés, puis découpés en tranches. Amuse-toi à jouer avec les contrastes de couleurs, puis enfile les perles sur un fil à broder pour obtenir des colliers et des bracelets multicolores.

Fournitures
- Feutrine
- Colle PVA
- Ciseaux
- Règle
- Aiguille et fil à broder

1 Découpe un rectangle de feutrine de 12 x 10 cm, puis un autre de 12 x 8 cm dans une couleur différente.

2 Superpose les deux rectangles (le plus petit sur le grand) en alignant les deux longueurs mais en laissant 1 cm de part et d'autre en largeur. Encolle une largeur.

3 Commence à enrouler les deux épaisseurs en partant du bord encollé.

4 Encolle le second bord et ferme le rouleau. Tiens-le en place jusqu'à ce que la colle soit sèche.

5 Lorsque la colle est complètement sèche, découpe avec les ciseaux le rouleau en tranches d'environ 2 cm de large pour faire les perles. Fais de même avec des rectangles de feutrine de couleurs différentes pour obtenir tout un choix de perles.

6 À l'aide d'une aiguille, enfile les perles sur un fil pour réaliser un collier ou un bracelet. Alterne les couleurs puis ferme ton bijou par un nœud.

19 SAC EN FEUTRE

Le feutre est agréable et facile à utiliser car il ne s'effiloche pas. Pour fabriquer du feutre, prends un vieux pull en laine (assure-toi qu'il n'est plus portable !) et demande à un adulte de le laver en machine à 70 °C. Après séchage, il aura rétréci et se sera transformé en feutre prêt à l'utilisation.

Fournitures

- Vieux pull en laine
- Machine à laver
- Ciseaux
- Gros bouton
- Laine
- Épingles
- Aiguille et fil
- Papier pour le patron

1 Lave le pull en machine à 70 °C pour le feutrer. Laisse sécher, puis découpe un rectangle de 20 x 24 cm et plie-le en deux.

2 Enfile la laine sur l'aiguille et couds les deux côtés bord à bord. Finis par un nœud.

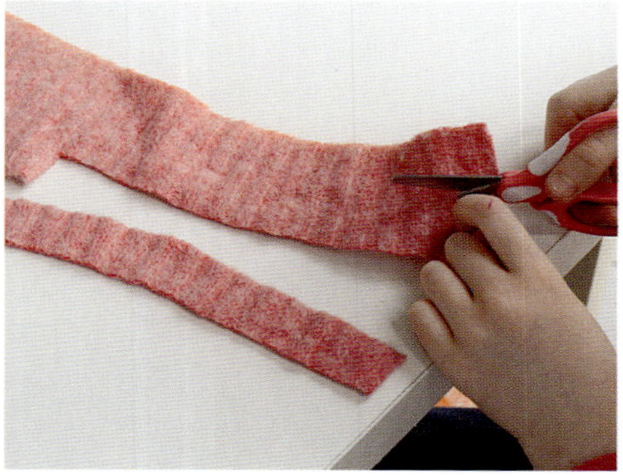

3 Découpe deux bandes de 2,5 x 20 cm dans les côtes du pull pour faire les lanières.

4 Couds les lanières sur le bord supérieur du sac par quatre gros points.

5 À l'aide du schéma de la page 125, fais de la fleur un patron en papier. Épingle-le sur le feutre et découpe deux fleurs, l'une dans les côtes, l'autre dans le reste du pull (ou essaie d'avoir deux couleurs différentes).

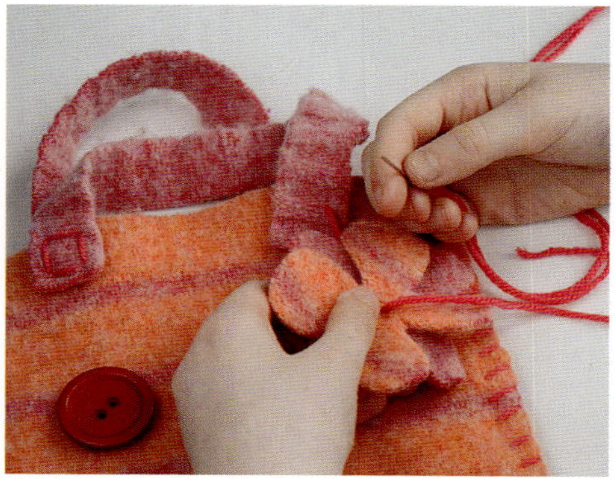

6 Superpose les deux fleurs et assemble-les avec de la laine en cousant un bouton au centre. Couds la fleur sur le sac avec une aiguille et du fil.

20 MARIONNETTES EN TEE-SHIRT

Recycle tes vieux tee-shirts trop petits et transforme-les en marionnettes à doigt et à main. Choisis des tee-shirts avec de jolis motifs et de belles couleurs et découpe-les à l'aide des patrons.
La maille serrée des tee-shirts est facile à coudre et ne s'effiloche pas.

Fournitures

- Vieux tee-shirts
- Papier pour le patron
- Ciseaux
- Épingles
- Aiguille et fil
- Rembourrage (coton hydrophile)
- Feutrine
- Ruban
- Boutons
- Croquet
- Colle PVA

1 À l'aide du schéma de la page 126, découpe un patron pour le corps de la marionnette, les oreilles et les jambes. Pose les patrons sur deux épaisseurs de tee-shirt et épingle le tout. Découpe deux pièces pour le corps, quatre pour les oreilles et quatre pour les jambes.

2 Superpose les oreilles endroit contre endroit avec des épingles, puis assemble-les par des petits points avant. Laisse une ouverture. Retourne-les à l'endroit et rembourre-les. Ferme l'ouverture au point avant.

3 Superpose les deux parties du corps de la marionnette endroit contre endroit. Place les oreilles à l'intérieur bord à bord avec le sommet de la tête. Assemble le tout par une couture (sauf le bord inférieur). Retourne la marionnette.

4 Assemble les jambes par une couture (comme les oreilles), retourne-les à l'endroit et rembourre-les. Couds-les en bas de la jupe et décore tout autour en collant un croquet.

5 Découpe un nez dans de la feutrine et colle-le sur le visage. Couds des boutons à l'emplacement des yeux et un nœud en ruban sur le cou ou sur les oreilles.

Pour les marionnettes à doigt, utilise le patron des oreilles. Assemble-les tout autour par une couture en laissant une ouverture dans le bas. Retourne à l'endroit. Découpe les oreilles, les yeux et le nez dans de la feutrine et colle-les.

ÉLÉMENTS DE LA NATURE

21 MIROIR EN COQUILLES D'ŒUFS

Les premières mosaïques datent d'il y a plusieurs milliers d'années. Elles ont été réalisées avec des fragments de poteries et représentent des scènes de la vie, des animaux, des fleurs... Essaie toi aussi de créer une mosaïque à partir de coquilles d'œufs teintées avec des colorants alimentaires. Casse-les en petits morceaux et compose un motif ou une simple bordure de miroir.

Fournitures

- Coquilles d'œufs
- Miroir avec un cadre en bois
- Chute de papier et ruban adhésif
- Peinture et pinceau
- Colorants alimentaires
- Bols
- Eau
- Papier absorbant
- Colle PVA

1 Lave bien les coquilles d'œufs. Verse de l'eau dans les bols et un peu de colorant alimentaire. Plus tu utiliseras de colorant, plus la couleur sera dense. Plonge les coquilles dans le colorant.

2 Laisse-les tremper au moins 1 heure. Retire-les. Si elles ne sont pas assez colorées, replonge-les. Lorsque tu es satisfait, rince-les sous l'eau courante et laisse-les sécher sur du papier absorbant.

3 Casse les coquilles en petits morceaux en séparant les couleurs.

4 Protège le miroir avec un morceau de papier que tu fais tenir avec du ruban adhésif. Peins le cadre de la couleur de ton choix. Laisse sécher et applique une seconde couche s'il reste des traces de pinceau.

5 Pose des petites touches de colle sur le cadre et colle les morceaux de coquilles. Nous avons entouré le miroir et le cadre d'une bordure, placé des feuilles dans les angles, puis réuni les feuilles par une ligne ondulée. Mais tu peux le décorer du motif de ton choix ou même remplir toute la surface du cadre. Laisse sécher puis enlève le papier et le ruban adhésif.

22 BÉBÉS COQUILLES DE NOIX

Tu vas adorer ces charmants bébés en coquilles de noix. Les demi-coquilles se sont transformées en berceaux, les têtes sont des perles en bois et les décors sont faits de rubans et de chutes de tissu. Fabrique une maman pour tes bébés avec une noix entière habillée d'un tablier et d'un foulard.

Fournitures

- Demi-coquilles de noix (demande l'aide d'un adulte)
- Perles en bois
- Rembourrage (coton hydrophile)
- Ciseaux
- Chutes de tissu
- Croquet
- Rubans
- Stylo-feutre
- Colle PVA

1 Demande l'aide d'un adulte pour couper les noix en deux et les vider. Fais une boule en coton hydrophile. Mets un peu de colle au fond d'une coquille et enfonce le coton.

2 Pose une coquille à l'envers sur une chute de tissu et trace le contour avec un stylo-feutre. Découpe l'ovale avec des ciseaux. Dépose un peu de colle sur le bord de la coquille et colle le tissu dessus.

3 Colle un petit bout de croquet autour du bord du tissu en commençant et en finissant au même endroit.

4 Pour la tête, prends une perle en bois, enroule-la d'un ruban que tu fixes avec un peu de colle. Fais un petit nœud et coupe les extrémités.

5 Dessine les traits du visage avec le stylo-feutre. Les yeux des bébés qui dorment sont des demi-cercles, ceux des bébés éveillés, sont des petits points.

6 Fixe les têtes sur les coquilles de noix avec de la colle. Tu peux aussi décorer le cou de certains bébés avec un petit nœud.

7 Pour la maman, utilise une noix entière. Découpe un petit tablier dans une chute de tissu et colle-le en entourant la taille d'un petit bout de ruban. Découpe un petit triangle de tissu, colle-le autour d'une perle en bois et colle le tout sur la noix. Entoure son cou d'un ruban et finis par un joli nœud.

23 ANIMAUX POMMES DE PIN

Lors de tes promenades en forêt, récolte des pommes de pin, des graines, des brindilles, des feuilles et tout ce qui te permettra de confectionner ces amusantes créatures imaginaires. Ramasse tes trésors, ne les arrache pas sur les arbres et ne cueille pas de baies qui risquent d'être dangereuses.

Fournitures

- Pommes de pin
- Brindilles
- Cosses et capsules
- Cynorhodons (fruits de l'églantier)
- Feuilles et feuillages
- Graines
- Anis étoilé
- Plumes
- Colle PVA

1 Coupe quatre petites branches de même longueur. Pose une pointe de colle à une extrémité et enfonce-les entre les écailles d'une pomme de pin pour faire les pattes. Laisse sécher. Pour la tête, colle une petite pomme de pin ou une cosse au sommet du corps. Avec des rameaux fourchus, crée des bois et colle-les sur la tête ou enfonce-les entre les écailles.

2 Avec des plumes, invente une créature à tête d'oiseau. Pique les plumes dans une cosse, colle des graines rondes pour les yeux et une graine pointue pour le bec.

3 Les cynorhodons permettent de faire de gros yeux. Applique une pointe de colle sur la tige et enfonce-la entre les écailles de la pomme de pin. Pour le nez, utilise des petites pommes de pin aux écailles serrées.

4 Les rameaux fourchus sont parfaits pour les oreilles, les bois, les bras, et tout ce que tu pourras imaginer. Les brindilles de romarin et de lavande également permettent d'ajouter toutes sortes de détails.

5 Pour faire un hibou, colle des graines de potiron autour du sommet de la pomme de pin. Pour les yeux, utilise des étoiles d'anis. Des graines plus longues conviennent pour le bec et les griffes. Colle tous les éléments et laisse sécher. Finis par quelques petites branches vertes enfoncées entre les écailles de la pomme de pin.

6 Crée des petits personnages avec des capsules de pavot, des graines et des brindilles. Exploite les propriétés naturelles des objets que tu ramasses. Une branche divisée en fins rameaux peut faire une parfaite chevelure.

24 ANIMAUX POTIRONS

Les grosses citrouilles sont difficiles à sculpter pour les tout-petits. Ici on a piqué des légumes et des graines dans des potirons et des potimarrons, sans utiliser de couteau. Tu peux ainsi créer des visages et des créatures drôles et sympathiques. Après avoir bien joué, tu peux même concocter un excellent repas.

Fournitures

- Potirons, potimarrons, courges
- Légumes divers : carottes, choux-fleurs, aubergines, courgettes, etc.
- Graines de citrouille et de tournesol, racine de gingembre, feuilles de laurier
- Bâtonnets à cocktail longs et courts

1 Dispose tous les légumes devant toi afin d'examiner tes trésors et de trouver des idées.

2 Amuse-toi à assembler différents éléments pour imaginer des créatures fantastiques.

3 Pique un bâtonnet à cocktail dans un légume de ton choix et pique l'autre extrémité dans le potiron. Enfonce des graines dans le potiron pour les sourcils, les dents, le nez.

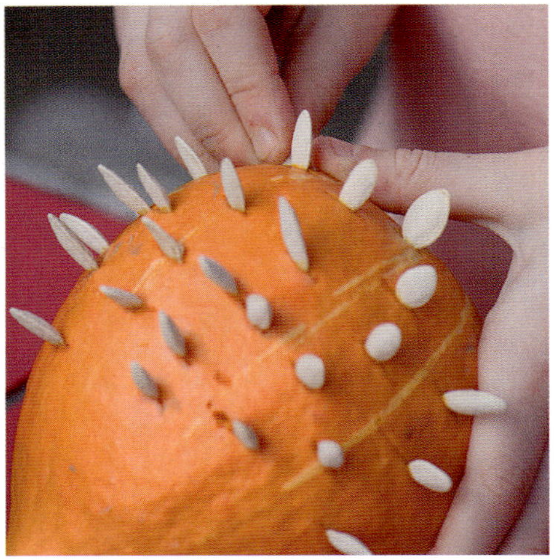

4 Pour les pointes d'un hérisson, utilise des graines de citrouille. Pique-les dans un potimarron dont la partie effilée servira de nez. Des tranches de légumes serviront à faire les yeux. Fixe-les avec des petits bâtonnets à cocktail.

5 Pique un bâtonnet à cocktail dans une courge sans l'enfoncer complètement. Si la peau est trop dure, demande l'aide d'un adulte.

6 Pique ensuite un potimarron sur le bâtonnet et assemble les deux légumes.

7 Fixe les cornes, bois, oreilles, bras et yeux avec des petits bâtonnets à cocktail.

8 Avec des feuilles de laurier, crée des cheveux, des coiffures et d'autres décors. Pique toujours les éléments avec des petits bâtonnets à cocktail.

25 FÉERIE DE FLEURS SÉCHÉES

Le séchage de fleurs et de plantes est une occupation ancienne qui reste d'actualité aujourd'hui. Veille à ne cueillir que des plantes autorisées, puis mets-les sous presse ou entre les pages d'un gros livre et laisse-les sécher pendant une semaine environ. Lorsque les plantes sont sèches et bien lisses, utilise-les pour créer des images comme ces cartes que tu pourras encadrer ou envoyer à tes amis.

Fournitures

- Fleurs et feuilles fraîches
- Presse à fleurs ou gros livres
- Bâtonnet de colle
- Papiers de couleur
- Papier Canson crème et de couleur
- Ciseaux
- Crayon et règle

1 Cueille des fleurs et des feuilles et pose-les à plat entre deux feuilles de papier dans la presse ou entre de gros livres. Patiente au moins une semaine.

2 Avec le schéma de la page 126, fais le gabarit de l'elfe et découpe-le. Reproduis-le sur du papier de couleur et découpe-le.

3 Colle ton elfe sur un rectangle de papier Canson crème de 15 x 10 cm. Découpe la chevelure en papier et colle-la.

4 Récupère les fleurs et les feuilles séchées en les manipulant avec précaution. Dispose-les sur le personnage de façon à l'habiller d'une robe et d'une coiffure. Lorsque tu es satisfait du résultat, soulève doucement chaque fleur ou pétale, dépose un point de colle sur le papier et appuie légèrement pour faire tenir.

5 Découpe une carte de couleur de 17,5 x 12,5 cm et plie-la en deux. Colle ton papier décoré sur le devant de la carte en veillant à ce que la bordure tout autour soit régulière.

FICTION
3c
FICTION
FICTION
NATURAL HISTORY
BRITISH RAILWAY LOCOMOTIVES
British Wild Flowers

26 CAILLOUX PEINTS

Amuse-toi à chercher des cailloux ou des galets ayant la forme d'une maison, avec un fond plat et un sommet arrondi.
Tu peux ensuite les peindre pour créer de jolies maisons de campagne.
Attention, ramasse tes cailloux uniquement dans les endroits autorisés.

Fournitures

- Cailloux de toutes les tailles à fond plat
- Peinture
- Pinceaux
- Colle PVA
- Branchages pour le décor

1 Peins le caillou jusqu'à mi-hauteur en blanc, pour faire les murs de la maison. Laisse sécher. Si la pierre reste visible, passe une deuxième couche.

2 Peins le toit dans une couleur plus foncée, orange ou marron, mais toutes les fantaisies sont permises. Laisse sécher.

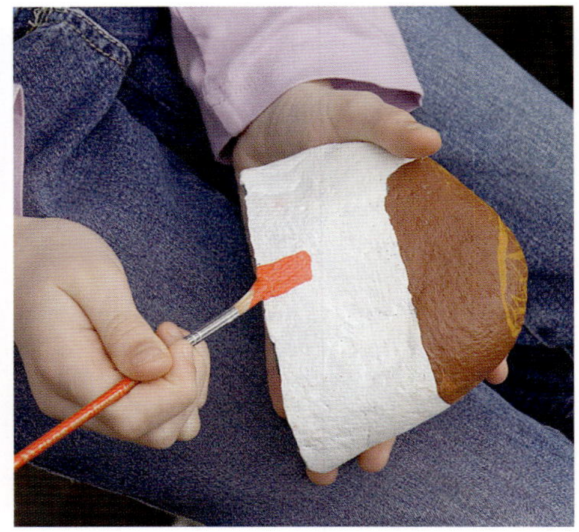

3 Peins la porte, les fenêtres et les fleurs en choisissant des couleurs gaies. Ajoute des tuiles sur le toit ou des hachures pour donner l'impression d'un toit de chaume. Termine par des plantes grimpantes.

4 Lorsque la peinture est sèche, passe une couche de colle PVA pour faire briller le tout.

27 JEU EN BOIS FLOTTÉ

Pars à la recherche de quatre branches en bois flotté de même longueur et noue-les entre elles. Assemble des branches plus courtes en forme de croix, puis ramasse quelques galets.
Le jeu consiste à aligner trois éléments de même nature, horizontalement, verticalement ou en diagonale tout en empêchant l'adversaire d'y parvenir. Le premier qui réussit un alignement a gagné.

Fournitures

- 4 branches d'environ 40 cm
- 10 branches fines plus courtes
- Raphia ou ficelle
- 5 galets
- Ciseaux

1 Ramasse quatre branches de même longueur et pose-les de façon à former un quadrillage. Commence par enrouler solidement un morceau de raphia autour d'un croisillon et ferme par un nœud bien serré.

2 Continue ainsi à réunir les quatre branches par des nœuds de raphia.

3 Avec des ciseaux, coupe l'excédent de raphia.

4 Casse quelques branches fines en bâtonnets plus courts et réunis-les deux par deux. Attache-les par le milieu. Tu dois obtenir cinq paires de bâtonnets.

5 Écarte les bâtonnets de façon à former une croix, passe le raphia entre les bâtonnets dans l'autre sens et ferme par un nœud. Coupe l'excédent de raphia avec des ciseaux.

28 BATEAUX EN BOIS FLOTTÉ

Ramasse du bois flotté sur la plage et fabrique ces petits bateaux que tu feras flotter dans les trous d'eau ou dans ton bain. Choisis des formes de branches ou de planchettes différentes, ajoute des voiles découpées dans des tissus imprimés et crée ainsi toute une flotte.

Fournitures

- Branches et planchettes en bois flotté
- Pâte à modeler
- Chutes de tissu
- Papier
- Stylo-feutre
- Ciseaux à cranter
- Colle PVA

1 Découpe un triangle en papier qui te servira de gabarit. Pose-le sur le tissu et trace le contour avec le stylo-feutre.

2 Découpe les triangles en tissu avec des ciseaux à cranter. Tu peux aussi utiliser de simples ciseaux.

3 Applique une ligne de colle de haut en bas, sur le côté endroit au centre de la voile.

4 Pose un bâtonnet sur la ligne de colle. Laisse sécher.

5 Colle une boule de pâte à modeler au milieu de la coque du bateau. Pique le mât avec la voile dans la pâte à modeler.

TISSUS

29 PERSONNAGES EN GANTS

Inutile de savoir tricoter pour fabriquer ces amusantes créatures. Récupère un vieux gant (de ceux qui se retrouvent seuls à la fin de l'hiver !), retourne un ou deux doigts à l'envers et rembourre le tout. Ajoute quelques boutons et des rubans pour le visage ou colle des décors en feutrine.

Fournitures

- Vieux gants
- Aiguille et fil
- Rembourrage (coton hydrophile)
- Boutons, rubans, pompons

1 Retourne le pouce, le majeur et l'annulaire vers l'intérieur du gant. Garde les deux autres doigts pour les oreilles. Ferme les ouvertures par une couture.

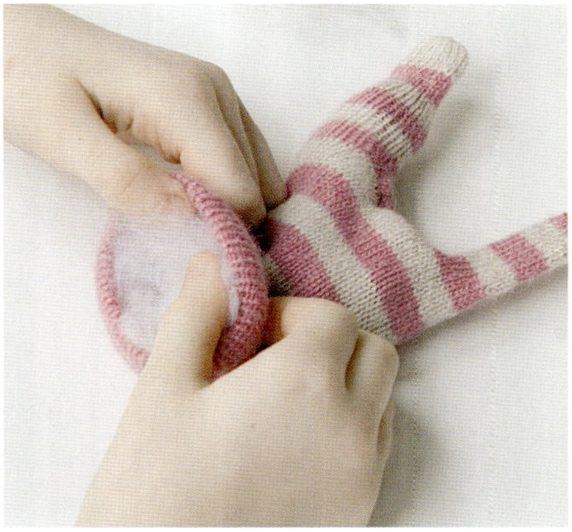

2 Si tu veux lui donner du volume, rembourre le personnage de coton hydrophile.

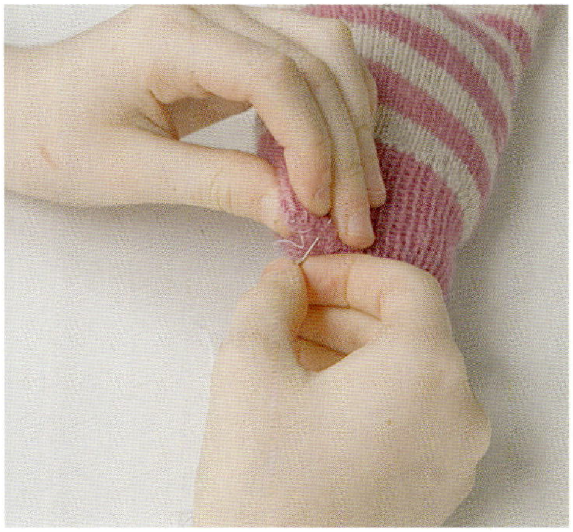

3 Ferme l'ouverture du poignet par une couture.

4 Crée le visage en cousant des boutons, des bouts de ruban, des pompons ou même des perles et des paillettes.
Pour les oreilles du chien, laisse les doigts entiers, pour le chat, rabats la moitié du doigt vers l'arrière pour faire des oreilles pointues.

30 BROCHE EN TISSUS

Cette ravissante fleur en chutes de tissu est très facile à réaliser. Offre-la à une amie ou à un membre de ta famille. Tu peux l'utiliser en broche sur un corsage, pour décorer un serre-tête ou même un sac.

Fournitures

- Chutes de tissu
- Rembourrage (coton hydrophile)
- Bouton
- Épingle de sûreté
- Aiguille et fil à broder
- Ciseaux à cranter
- Papier pour les patrons

1 À l'aide des schémas de la page 125, découpe les patrons en papier. Épingle la fleur sur deux épaisseurs de tissu et découpe-la. Tu obtiens deux fleurs.

2 Assemble les deux fleurs envers contre envers par un point avant. Laisse une ouverture.

3 Rembourre légèrement la fleur par l'ouverture, puis ferme le tout par un point avant.

4 À l'aide du patron, découpe avec les ciseaux à cranter deux cercles d'environ 2 cm de rayon, dans un tissu différent. Assemble-les comme les fleurs.

5 Couds les cercles au cœur de la fleur en même temps que le bouton.

6 Avec une aiguille et du fil à coudre, fixe l'épingle de sûreté au dos de la fleur. Finis par quelques petits points serrés.

31 CHENILLE EN POMPONS

Réalise toute une série de pompons pour faire cette drôle de chenille. Choisis une série de verts différents ou même des chutes de laine de toutes les couleurs, de préférence vives. Tu peux acheter ta forme à pompon dans une mercerie, ou la fabriquer toi-même en carton.

Fournitures
- Chutes de laine
- Carton
- Compas
- Grosse aiguille
- Ciseaux
- Feutrine blanche et marron
- Colle PVA

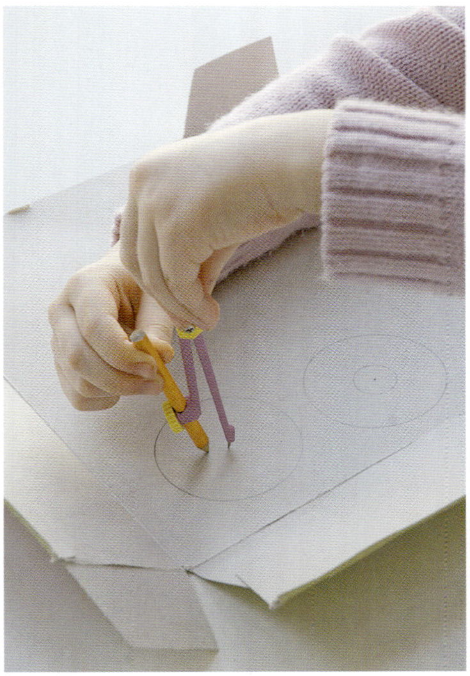

1 Avec le compas, dessine sur le carton deux cercles de 4 cm de rayon. Au centre de chacun d'eux, dessine un second cercle de 1 cm de rayon. Découpe les deux grands cercles, puis évide les petits cercles.

2 Superpose les deux cercles en carton et enroule la laine autour en passant par le centre évidé.

3 Continue ainsi à enrouler la laine et à couvrir régulièrement le carton. Pour obtenir un pompon très dense, remplis autant que possible l'ouverture centrale.

4 Avec des ciseaux, commence à couper la laine le long des bords des cercles. Fais glisser la lame des ciseaux entre les deux cartons. Coupe ainsi tout autour.

5 Passe un double fil de laine entre les deux cartons et ferme par un nœud bien serré. Conserve une longueur de fil suffisante.

6 Retire délicatement les deux disques de carton.

7 Ébouriffe le pompon. Égalise si nécessaire avec des ciseaux pour obtenir une boule régulière.

8 Fabrique ainsi sept pompons en variant les tailles selon ton goût. Pour la tête, tu peux faire un pompon avec des cercles de 3 cm de rayon. Sur l'aiguille, enfile une double longueur de laine et fais un nœud au bout. Passe l'aiguille dans le centre des pompons pour fabriquer la chenille.
Finis par la tête, mais ne coupe pas le fil.

9 Fais un petit pompon rouge avec un cercle de 2,5 cm de rayon. Enfile-le au bout de la tête pour faire le nez. Repasse dans le nez et la tête et fixe le tout par un nœud entre deux pompons.

10 Coupe trois longueurs de laine d'environ 25 cm. Rassemble-les par un nœud et tresse les fils entre eux. Finis par un nœud.

11 Couds la tresse au sommet de la tête pour faire les antennes. Découpe deux petits ronds de feutrine marron, puis deux ronds plus grands de feutrine blanche. Superpose-les avec de la colle, puis colle le tout à l'emplacement des yeux.

32 BRACELETS D'AMITIÉ

Ces bracelets tressés sont faciles et rapides à réaliser. Tu peux en fabriquer toute une ribambelle en peu de temps. Utilise toutes les qualités de fils que tu souhaites, mais attention, plus la laine sera épaisse, plus le bracelet sera gros. Essaie différentes combinaisons de couleurs, en fonction de tes vêtements ou des préférences de tes amis.

Fournitures

- Laines de deux couleurs différentes
- Pince à clé
- Carton
- Ciseaux
- Perles (facultatif)

1 Coupe trois longueurs de laine de 70 cm dans deux couleurs différentes.
Ici nous avons choisi du violet et du turquoise.

2 Assemble les six fils et réunis-les par un simple nœud à environ 5 cm de l'extrémité.

3 Fixe l'extrémité avec le nœud sur un carton ou un livre à l'aide de la pince à clé.
Sépare les fils par couleur, puis prends les trois fils de gauche (trois fils de même couleur), forme une boucle et passe-la sur les trois fils de droite.

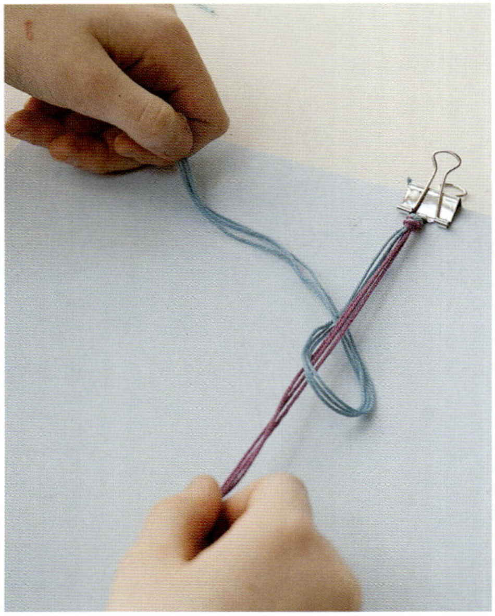

4 Passe les fils de gauche sous les fils de droite à travers la boucle et tire pour former un nœud sous le nœud de départ. Tiens les fils de droite en les tendant.

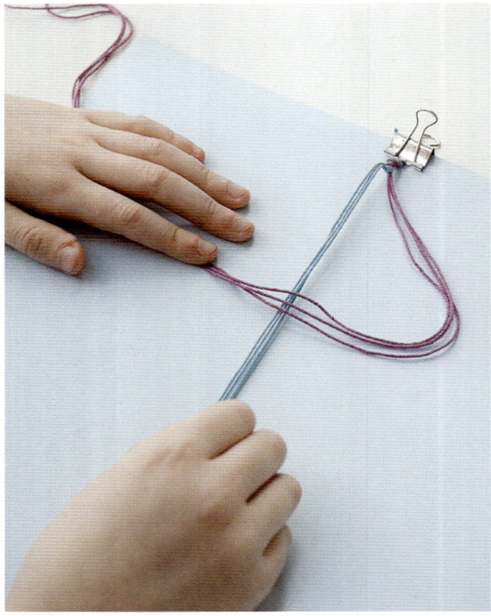

5 Inverse les couleurs et procède de la même façon.

6 Passe dans la boucle et tire en faisant le même geste que précédemment, mais en sens inverse. Tends cette fois les fils de gauche.

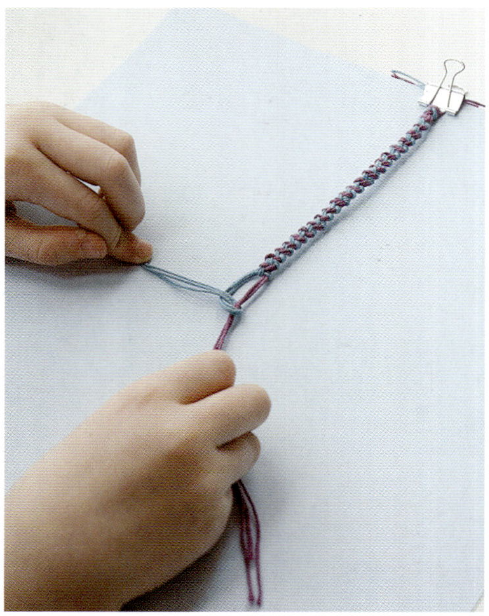

7 Continue ainsi jusqu'à obtenir une longueur de bracelet correspondant à ton tour de poignet.

8 Retire la pince et ferme le bracelet par un nœud. Enfile des perles dans les fils qui dépassent et fais un gros nœud au bout afin que les perles ne s'échappent pas.

33 CHIEN PROTÈGE-PORTE

Transforme un vieux collant en un adorable chien qui te protégera des courants d'air ou te tiendra compagnie avant de t'endormir. Il est facile à réaliser, surtout si tu colles les yeux au lieu de les coudre. Pour les oreilles, utilise une paire de moufles trop petites.

Fournitures

- Collant en laine
- Laine
- Chutes de tissu
- 2 boutons
- Aiguille et fil
- Rembourrage ou chaussettes usagées
- Moufles
- Ciseaux

1 Avec des ciseaux, coupe l'une des jambes d'un vieux collant en laine, aussi haut que possible.

2 Remplis le collant de coton hydrophile, de vieilles chaussettes ou de tout autre rembourrage mou à ta disposition jusqu'à obtenir la forme d'un boudin.
Ne remplis pas jusqu'au bout.

3 Ferme le boudin par un fil de laine bien serré et un double nœud.

4 À l'extrémité du pied, noue un autre fil de laine et donne la forme d'un gros museau rond. Fais un double nœud.

5 Au sommet de la tête du chien, couds deux moufles pour faire les oreilles.

6 À l'aide du schéma de la page 126, fais le gabarit du cœur. Découpe plusieurs cœurs dans des chutes de tissu.

7 Avec une aiguille et de la laine, couds les cœurs sur le corps du chien. Pour commencer, fais un nœud à l'extrémité du fil, pique entre les mailles du collant et tire pour faire disparaître le fil entre les mailles. Pique dans le cœur, puis dans le collant en faisant des points à cheval sur le tissu, comme sur la photo.

8 Couds les boutons à l'emplacement des yeux. Pour le collier, déchire une bande de tissu ou prends un ruban et attache-le autour du cou du chien.

34 POUPÉES PINCES À LINGE

Les pinces à linge en bois ont la taille idéale pour faire des poupées miniatures. Habille-les de chutes de tissu et de laine. Imagine toute une variété de styles de vêtements pour leur donner des personnalités différentes. Décore-les de bouts de rubans et de boutons, fais des petits bonshommes pour leur tenir compagnie, puis installe-les dans la maison de poupée de la page 43.

Fournitures

- Pinces à linge
- Stylos-feutres
- Chutes de tissu
- Laine
- Colle PVA
- Ciseaux

1 Avec les stylos-feutres, dessine les visages. Fais en sorte que les deux jambes se trouvent de part et d'autre du visage.

2 Pour les jupes, découpe des rectangles de tissu d'environ 8 x 20 cm. Drape-les autour des corps en les fronçant, puis enroule un fil de laine autour de la taille pour les faire tenir. Finis par un nœud.

3 Enroule un fil de laine de la taille jusqu'au cou. Fais tenir au dos par un point de colle. Tiens la laine jusqu'à ce que la colle soit sèche.

4 Pour les cheveux, enroule de la laine autour de tes doigts.

5 Assemble le milieu par un fil de laine. Fais un nœud et coupe l'excédent.

6 Colle les cheveux au sommet de la tête en veillant à ne pas cacher le visage.

7 Pour les garçons, enroule la laine à partir de la taille. Au départ, fais tenir par un point de colle. Descends jusqu'au bas de la jambe, coupe la laine et fixe-la. Fais de même pour la deuxième jambe en mettant un point de colle au départ et à l'arrivée.

8 Pour leurs cheveux, procède différemment. Pour le premier bonhomme, fais de très courtes boucles et coupe-les pour séparer les cheveux ; pour le second, colle simplement des petits bouts de laine sur les côtés de la tête.

35 TRICOTIN

Apprends à tricoter sans aiguilles. Tu trouveras des tricotins de toutes les formes et de toutes les couleurs dans les merceries. Tu peux aussi le fabriquer avec une bobine de fil et quatre grosses punaises. La technique est très simple, on y prend vite goût. Les petits boudins permettent de créer des dizaines d'objets et, avec un peu d'imagination, tu en trouveras toujours de nouveaux. Fixe ces fleurs à coudre sur tes chaussons, sur un sac ou porte-les en broche.

Fournitures

- Laine de deux couleurs
- Bobine de fil en bois
- 4 grosses punaises
- Ciseaux
- Aiguille à tricoter pour alimenter le tricotin
- Bouton

1 Pour fabriquer le tricotin, prends une bobine en bois et pique quatre punaises au sommet, à égale distance.

2 Passe la laine dans le trou de la bobine, de haut en bas. Tiens l'extrémité de la laine de la main gauche ainsi que la bobine.

3 En travaillant dans le sens inverse des aiguilles d'une montre, enroule la laine autour de chaque punaise.

4 Passe la laine derrière la première punaise (sans faire de boucle), puis fais passer la boucle sur le tricotin par-dessus le fil de laine et la punaise avec l'aiguille à tricoter. Continue à tourner en faisant passer chaque fois la boucle se trouvant sur la punaise par-dessus le fil et la punaise. Pour t'aider, reporte-toi à la photo. Passe d'une punaise à la suivante toujours dans le même sens. Tire légèrement sur le fil dans ta main gauche, à chaque tour.

5 Le tricot apparaît au bout d'un moment dans ta main gauche. Continue à tricoter jusqu'à obtenir une longueur de 20 cm. Attention de ne pas tirer trop fort pour ne pas détendre ta réalisation.

6 Pour finir, prends une boucle sur une punaise et fais-la passer dans le sens des aiguilles d'une montre sur la punaise suivante, avec l'aiguille à tricoter. Continue jusqu'à ce qu'il ne reste plus qu'une boucle sur la dernière punaise. Retire-la et passe le fil de laine dans la boucle. Tire et fais un nœud pour arrêter le fil. Retire le petit boudin du tricotin et coupe les excédents de fil.

7 Forme cinq pétales de taille égale et réunis-les par un point de couture en piquant dans toutes les épaisseurs. Finis par un nœud solide.

8 Enroule la laine de couleur différente plusieurs fois autour de tes doigts. Plus tu feras de boucles, plus le cœur sera fourni.

9 Retire les boucles et coupe l'extrémité du fil. Réunis les boucles en leur centre par un fil de laine et fais un nœud. Coupe le fil en excédent.

10 Couds le cœur au centre de la fleur avec une aiguille et de la laine, puis ajoute un bouton pour une jolie finition. Fais une deuxième fleur et couds-les ou colle-les sur tes chaussons.

GABARITS

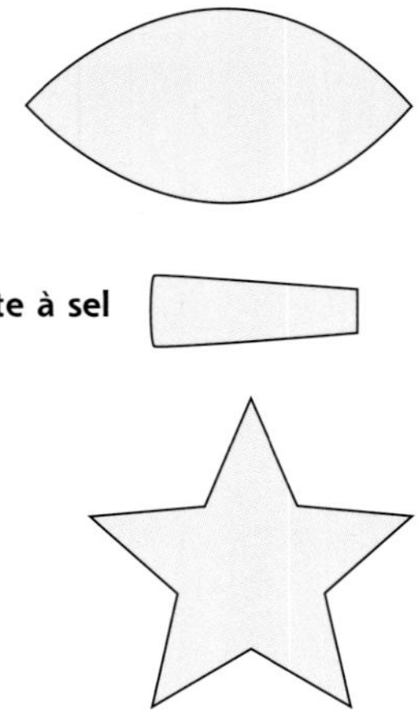

Feuilles des fruits en pâte à sel

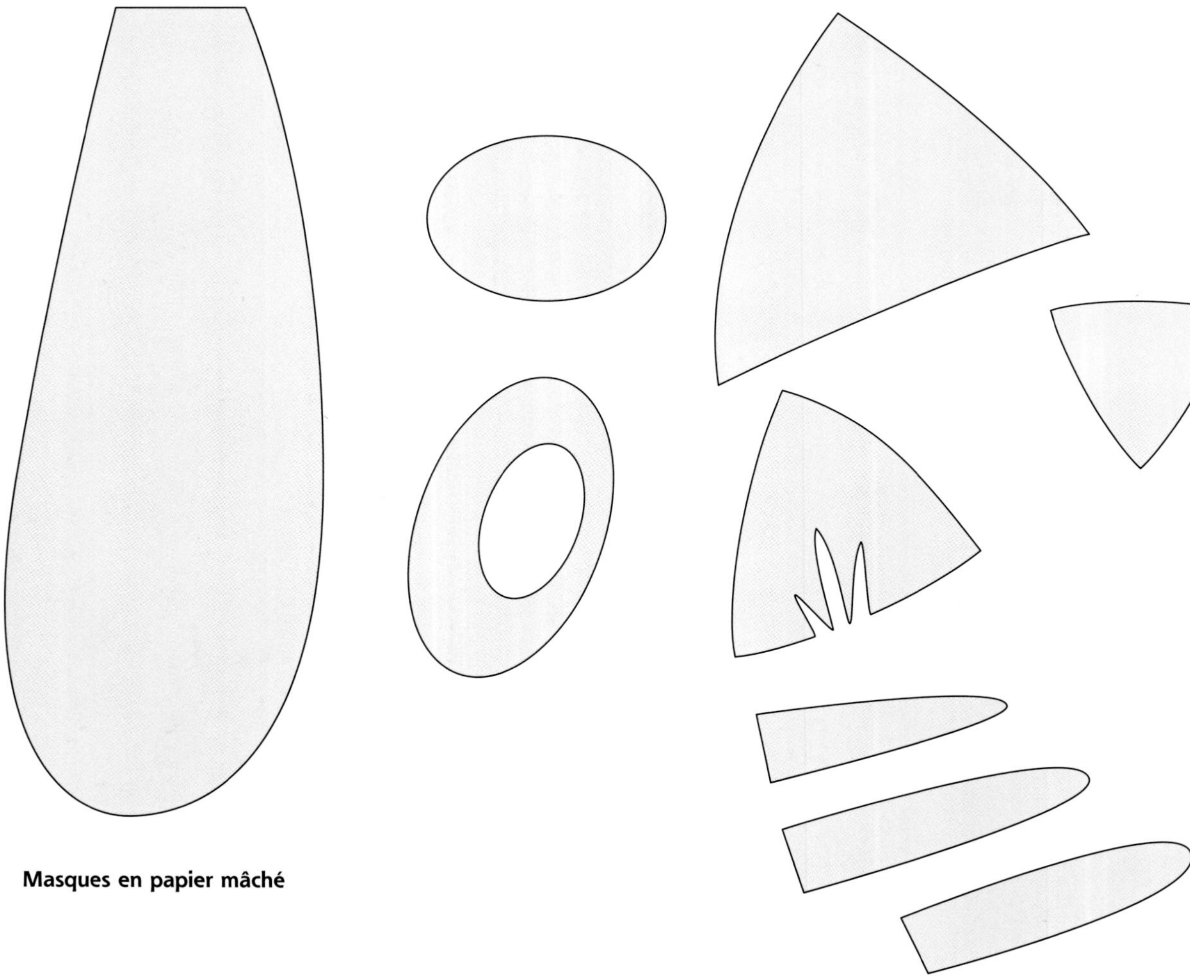

Masques en papier mâché

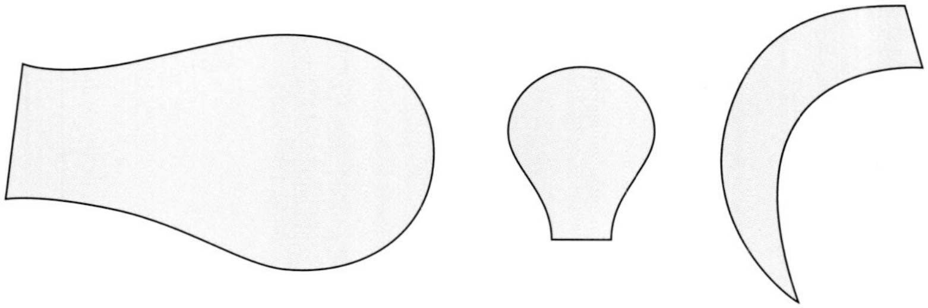

Animaux en tissu – chien

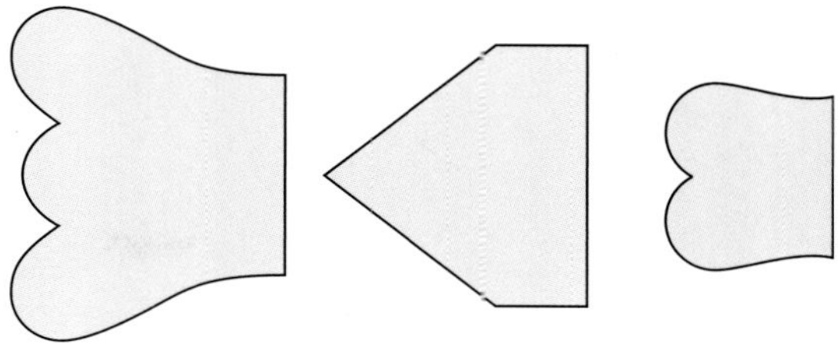

Animaux en tissu – lapin

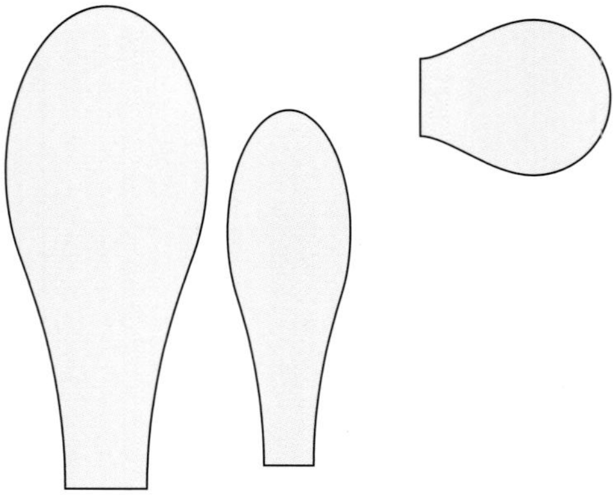

Sac en feutre – fleurs

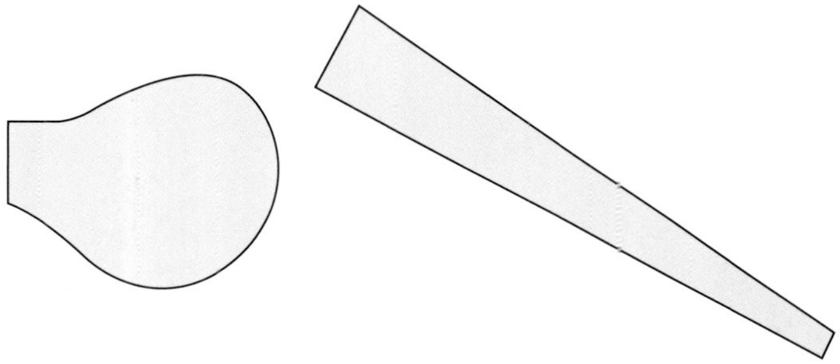

Animaux en tissu – poule

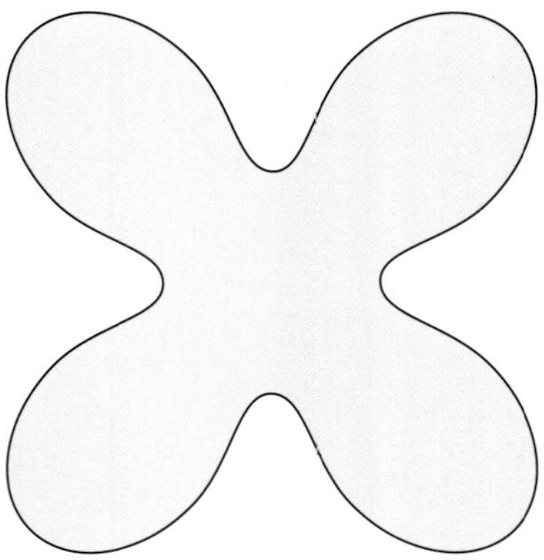

Animaux en tissu – souris

Broche en tissu

Marionnettes en tee-shirt

Elfe en fleurs séchées

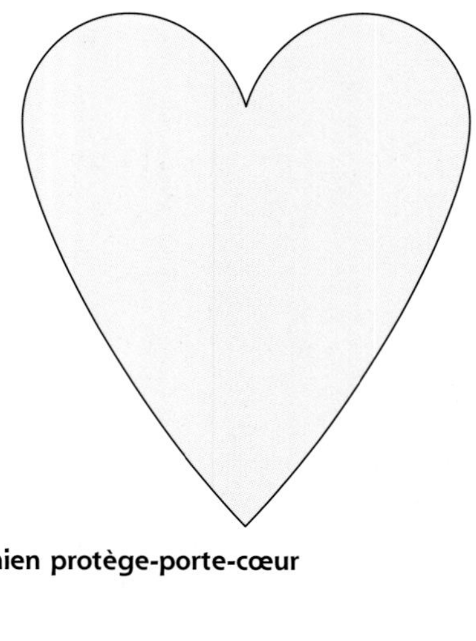

Chien protège-porte-cœur

REMERCIEMENTS

En tout premier lieu, je voudrais remercier Debbie Patterson pour ses magnifiques photographies ; sa créativité, son œil exercé et son inventivité ont contribué à la réussite de ce livre. Merci aussi à Finn, Ethan et Jed pour m'avoir prêté leur maman pendant plusieurs week-ends.

Un très grand merci aux enfants qui nous ont servi de modèles : Chloé Allan, Isobel Edwards, Akalia Cox, Amber Seddon, Gracie et Bettie Dahl, Tilda et Erin van Petegem. Merci pour leur remarquable travail, leur enthousiasme et leur patience pendant les séances photo.

Merci à Robin Gurdon d'être un éditeur aussi sensible et attentionné et à Liz Sephton pour son magnifique stylisme. Merci à Cindy Richards, Sally Powell et Pete Jorgensen de CICO de m'avoir permis de faire ce livre, pour leur soutien et leur sens de l'organisation.

Merci à Joy et Daniel Dahl pour leur aide. Merci à Laurie pour tout. Ce livre n'aurait pas vu le jour sans l'investissement de Gracie et de Betty dont la créativité et l'imagination n'ont pas de limites. Merci, merci.

Achevé d’imprimer en Chine.